Robert Reindl

LINOLSCHNITT-TECHNIKEN

QUADRAT REIHE 50

Don Bosco Verlag München

INHALT

EINFÜHRUNG	3
MATERIAL	4
WERKZEUG	5
DAS SCHNEIDEN	6
Der Weißlinienschnitt	6
Der Schwarzfigurenschnitt	6
Der Weißfigurenschnitt	7
DAS DRUCKEN	8
Der Golddruck	8
Der Rapportdruck	9
Der Mehrfarbendruck	9
BILDTEIL	11
THEMENVORSCHLÄGE	39

Zu den Abbildungen

Bei allen Schülerarbeiten ist nach dem Thema angegeben:
M = Mädchen, J = Junge, Zahl = Alter des Schülers.
Bei Abbildungen ohne diese Angaben handelt es sich um Erwachsenenarbeiten.

Die Abbildungen auf der 1. Umschlagseite und auf den Seiten 11 rechts, 12, 13, 14 rechts oben und unten, 18, 19, 23 rechts oben, 25, 27 rechts oben und unten, 30, 35 und 37 stammen aus dem Archiv der Zeitschrift „Die Gestalt", A. Henn Verlag, Ratingen — Kastellaun — Düsseldorf.

1. Umschlagseite:
Vogel mit Schmetterling (M, 12)

4. Umschlagseite:
Vogelmutter füttert Junge (J, 15)

3. Auflage 1980 / ISBN 3-7698-0275-6
© by Don Bosco Verlag, München
Lithos: Gebr. Czech, München
Satz, Druck und buchbinderische Verarbeitung:
Pallottinerdruck, Limburg

EINFÜHRUNG

Die im wahrsten Sinne des Wortes bis zum Abdruck „spannende" grafische Technik des Linolschnitts ist sehr vielseitig verwendbar: für eigene Gratulationskarten, Tischkarten, Einladungen und Ankündigungen aller Art. Dieses reizvolle Hobby für jeden Jugendlichen und Erwachsenen ist jedoch nicht auf *Gebrauchs*grafik beschränkt. Als stilvoller Raumschmuck oder als persönliches Geschenk sind Linoldrucke sicher willkommen.
Die einzelnen Schneide- und Drucktechniken, die hier vorgestellt werden, weisen verschiedene Schwierigkeitsgrade auf. Der Weißlinienschnitt (s. S. 6) z. B. ist im Kunst- und Werkunterricht der Schulen schon ab etwa der 4. Jahrgangsstufe möglich.
Bevor wir uns technischen Details zuwenden, wollen wir einige grundsätzliche Überlegungen zur Gestaltung anstellen:
Um Inhalte für Linolschnitte brauchen wir nicht verlegen zu sein. Ungeeignet sind lediglich Themen, bei denen es auf malerische Farbigkeit ankommt.
Einige Grundsätze, die durch die Technik des Schneidens und Druckens bedingt sind, sollten aber beachtet werden:
Wichtig ist eine kräftige, große, breite, unverkürzte Ausprägung der Formen. *Überschneidungen* sind zu vermeiden!
Wir werden keine Bilder gestalten, die sich in die Tiefe erstrecken. Ausgenommen sind eventuell architektonische Objekte: Das „In-die-Tiefe-Gehen" der Seitenwände von Gebäuden stellen wir am besten in der sogenannten „Parallel-Perspektive" dar.
Wesentlich und wichtig ist es, den verfügbaren Bildraum dicht durchzugestalten. Dies gilt insbesondere für die gebräuchlichste Form des Linolschnitts, den „Schwarzfigurenschnitt" (nähere Erläuterung auf Seite 6). Aber auch für jede andere Technik, in der ausgedehnte Formen und nicht bloß eingeschnittene Linien gedruckt werden sollen, ist dieser Grundsatz wichtig.
Hüten wir uns auch vor den so beliebten „Landschaftsbildern", in denen winzige Figürchen spazierengehen. Der Linolschnitt verlangt die Bildung klarer, festgefügter, großer Umrißformen ohne plastische Gehalte oder räumliche Tiefe.
Wichtige Überlegungen vor der Arbeit:
Wie gruppieren wir die darzustellenden Dinge? Die „Hauptsache" unseres Bildes werden wir groß und raumfüllend ins Format setzen.
Wie ordnen wir die Nebendinge und Nebenformen zu, ohne die klare Eindeutigkeit der Hauptform zu beeinträchtigen oder zu überdecken? Eine vorbereitende Skizze, am besten im Format der Linolplatte, kann dabei sehr gut helfen. Sie sollte aber nicht alles vorwegnehmen, da uns beim Zeichnen oder Schneiden auf der Platte noch manches Brauchbare einfallen kann.
Wenn wir den Bildraum so dicht wie nur möglich mit Darstellungen füllen wollen, die zum Thema gehören, dann müssen wir unsere sachliche Vorstellungskraft und unsere Phantasie bemühen und uns immer wieder fragen: Was könnte noch zu dem angefangenen Thema passen? Wie bereichern oder ergänzen wir das Bild?
So bekommen wir ein erfreulicheres Ergebnis. Erfreulich in zweifacher Weise:
1. Das Bild selbst wird reichhaltiger und lebendiger.
2. Die dichte Fügung läßt wenig leeren Hintergrund frei. Wir brauchen dann auch um so weniger wegzuschneiden.

MATERIAL

LINOLEUM
Wir benötigen möglichst dickes, weiches, ungeöltes und einfarbiges Linoleum, das speziell für das Linolschneiden in einschlägigen Fachgeschäften zu erhalten ist.
Kunststoffbeläge (z. B. Stragula) sind für das Linolschneiden ungeeignet.

DRUCKPAPIER
Am besten eignet sich Japanpapier (aber auch deutsches „Japanpapier", das preiswerter ist als das Originalpapier), das in Geschäften für Zeichenbedarf in verschiedenen Stärken angeboten wird. Für unsere Techniken ist mittelstarke Qualität in Weiß oder leicht getönt, aber auch in Schwarz oder sonstigen dunklen Farben (siehe Seite 8) zu empfehlen.
Es läßt sich aber auch mit jedem anderen guten und etwas saugfähigen Zeichenpapier arbeiten.
Sehr gut eignet sich auch die rauhe Seite von farbigen Seidenpapieren.

DRUCKSTOFFE
Zum Stoffdruck (siehe Seite 9) eignen sich einfarbige Nessel- und Baumwollstoffe, Bouretteseide, Halbleinen und Leinen.

DRUCKFARBEN
Für den einfachen Linoldruck verwenden wir meist schwarze Farbe. Für bestimmte Motive und Zwecke eignen sich auch andere dunkle Farben (Grün, Blau, Rot, Braunrot etc.). Unproblematisch sind wasserlösliche Spezial-Linoldruckfarben. Bei ihrer Verwendung braucht beim Abdrucken das Papier nicht angefeuchtet zu werden. Das ist nötig beim Einsatz von Druckfarben auf Ölbasis. — Auch für den Mehrfarbendruck ist nicht unbedingt Farbe auf Ölbasis wesentlich. Diese hat lediglich den Vorteil, über Jahrzehnte Farbechtheit zu gewährleisten.
Für den Stoffdruck sind wasch- und kochfeste Farben notwendig.
Alle Farbarten sind in Fachgeschäften für Zeichenbedarf erhältlich; dort finden wir auch alle anderen notwendigen Materialien und Werkzeuge.

GLASPLATTEN
Zum gleichmäßigen Auswalzen der Druckfarben und zum Übertragen der Farben auf die Druckplatten mit Hilfe der Walzen. Größen: etwa DIN A 5. Es eignen sich jedoch auch eine Linol- oder eine Polystyrolplatte etc.

ARBEITSBRETT
Ein Arbeitsbrett, in das man die zu bearbeitende Druckplatte einspannen kann, leistet sehr gute Dienste. Die freie Hand braucht dann beim Schneiden das Linoleum nicht mehr festzuhalten, und die Verletzungsgefahr mit der Schneidfeder ist gänzlich ausgeschaltet. Solche Arbeitsbretter gibt es im Handel in allen DIN-Formaten; sie lassen sich aber auch selbst herstellen.

BLEISTIFT, FILZSTIFT
Zum Vorzeichnen der Motive auf den Druckplatten.

WEISSE PLAKATFARBE
Zum Einfärben der Linolplatten.

GOLD-, SILBER-, KUPFERSTAUB
Für den Golddruck.

REINIGUNGSMITTEL
Zum Reinigen der Druck- und Glasplatten, der Walzen und auch der Hände brauchen wir Terpentin oder Terpentinersatz bei Verwendung von Farben auf Ölbasis; sonst genügt Wasser zum Reinigen der Geräte.

WERKZEUG

WALZEN

Eine Hartgummiwalze mittlerer Größe zum gleichmäßigen Auswalzen der Farbe auf der Glasplatte und zum Übertragen der Farbe auf die Linol- bzw. Druckplatte. Eine weitere, aber weichere Gummiwalze zum Glätten des Druckpapiers, nachdem es auf die fertiggeschnittene und eingefärbte Linolplatte gelegt wurde.

SCHNEIDFEDERN

1. Für feine und dünne Linien verwenden wir den „schmalen Geißfuß",

2. für normale Linien den „Geißfuß",

3. für breite Linien und zum Ausheben größerer Flächen das **gerade** oder **runde** Hohleisen und

4. das Konturenmesser, um bei Schriften Ecken scharf darzustellen, zum Begradigen von Rändern usw.

SCHNEIDFEDERHALTER bzw. -GRIFFE

Diese werden in Holz und in Kunststoff angeboten. Empfehlenswert sind die Holzausführungen mit Gewinde zum Einschrauben der Federn, da sie die verhältnismäßig starke Beanspruchung während des Schneidens besser aushalten.

HANDDRUCKPRESSE

Sie ist vor allem im Werkunterricht der Schulen recht praktisch und garantiert einwandfreie Druckergebnisse. Unbedingt notwendig ist sie beim Zwei- oder Mehrfarbendruck.

PINSEL

Zum Abstreichen des überflüssigen Metallstaubes brauchen wir einen weichen Pinsel.

SPACHTEL

Zum Entnehmen von (Öl-)Druckfarbe aus Dosen und zum Auftragen auf die Glasplatte genügt eine kleine Spachtel. Auch ein Messer mit breiter Spitze tut gute Dienste.

DAS SCHNEIDEN

Vorbemerkung: Bei Schriften u. ä. ist darauf zu achten, daß seitenverkehrt in die Platte eingeschnitten wird. So wird beim Druck die Schrift oder das entsprechende Objekt seitenrichtig wiedergegeben.

Druckfarbe eingewalzt. Die Farbe darf nicht zu dick aufgetragen werden, damit sie nicht in die ausgeschnittenen Furchen laufen kann. Auf dem bedruckten Blatt erscheinen die geschnittenen Linien weiß, die nicht bearbeiteten Flächen in Farbe (schwarz etc.). Das fertige Bild erscheint wie eine weiße Zeichnung auf dunklem Hintergrund.

(Diese Technik ist bereits ab der 4. Jahrgangsstufe möglich.)

Der Weißlinienschnitt
(Abbildungen Seite 11 ff.)

Diese Linolschnitt-Technik ist die einfachste und leichteste. Auf der Linolplatte wird das gewünschte Motiv mit Bleistift vorgezeichnet. Es ist ratsam, die Linolplatte vorher mit weißer Deck- oder Plakatfarbe einzustreichen, damit der Entwurf gut sichtbar wird. Bei Verwendung von speziellem Schnitt-Linoleum ist ein vorheriges Reinigen mit Benzin nicht nötig.
Nun können wir mit dem Schneiden (Geißfuß für dünne Linien oder Hohleisen für breite und starke Linien) beginnen. Eine Hand muß dabei die Platte gut festhalten, die andere Hand führt den Halter mit der Schneidfeder.
Vorsicht, damit die Schneidfeder, die gerne ausgleitet, nicht die haltende Hand verletzt! Am besten Arbeitsbrett mit Anschlagleisten verwenden!
Beim Weißlinienschnitt werden die vorgezeichneten Linien ausgeschnitten. Nach dem vollendeten Schnitt sollte also von den Bleistiftstrichen nichts mehr zu sehen sein. Die Platte wird nun mit der

Der Schwarzfigurenschnitt
(Abbildungen Seite 19 ff.)

Hier handelt es sich um die gebräuchlichste Form des Linolschnitts. Wir beginnen wie beim Weißlinienschnitt: Das Motiv wird auf die weiß eingefärbte Platte gezeichnet. Alle Formen werden so groß wie möglich, raumfüllend und ohne Überschneidung vorgezeichnet. Der Bildraum soll sehr dicht durchgestaltet werden, da oft ein viel dürftigeres Gebilde entsteht, als die Vorzeichnung erwarten läßt.

Ein Beispiel: An einem Zweig sollen die Blätter nicht in einer Reihe mit großen Zwischenräumen wachsen, denn sie werden beim Schneiden dünner und die Abstände noch lichter. Die Wirkung ist bedeutend besser, wenn die Blätter möglichst eng beieinanderliegen.
Das gilt für alle zusammengehörigen Elemente und auch für Ornamente. Dabei gibt es weniger Hintergrund, dafür aber ein reicheres Bild.

Beim Schwarzfigurenschnitt schneidet man mit dem Geißfuß die Umrisse der Formen nach. Die Flächen, die sich noch zwischen den zum Druck bestimmten Motiven befinden, werden mit dem Hohleisen herausgeschnitten und bilden somit den Hintergrund, der beim Druck weiß bleibt.

Bei dieser Technik ist es empfehlenswert, alles, was beim Druck sichtbar werden soll, möglichst flächig auf die Platte zu zeichnen. Auch Äste, Blätter, Haare, Federn und sonstige schmale Formen müssen ausgedehnt vorgezeichnet werden, d. h. sie sollen einen Umriß erhalten. Es ist nicht ratsam, zunächst alle Umrisse und dann erst die Zwischenräume (Hintergrund) auszuschneiden, sondern es empfiehlt sich, von einer Ecke des Bildes her Stück für Stück zu umreißen und dabei auch die Zwischenräume herauszuheben. Um das Bild flächig zu erhalten, sollten wir den Umriß nicht genau auf der vorgezeichneten Linie, sondern etwas außerhalb schneiden. Das Vorgezeichnete bleibt also nach dem Schnitt noch sichtbar, und die Druckergebnisse entsprechen in ihrer Breite den gezeichneten Formen.

Sollen die umrissenen Formen noch eine Innengestaltung (z. B. Muster, Gürtel, Taschen, Knöpfe, Gesichter, Blattadern etc.) erhalten, werden diese in Weißlinienschnitt-Technik eingeschnitten.

(Diese Technik ist etwa ab der 5. Jahrgangsstufe zu empfehlen.)

Der Weißfigurenschnitt
(Abbildungen Seite 27 ff.)

Im Gegensatz zum Weißlinienschnitt, bei dem Linien — also keine breiten Formen — geschnitten werden, beherrscht nun die ausgeschnittene Fläche das Bild. Sie hebt sich flächig vom dunklen Hintergrund ab. Bei dieser Technik liegt die Schwierigkeit in der Innengliederung, die nicht ganz einfach ist.

Größere Formen verlangen eine Innengliederung (Kleider: Gürtel, Knöpfe und Taschen; Gesichter: Nase, Augen, Mund; Tiere: Haare, Federn, Schuppen...; Häuser: Fenster und Türen; usw.). Auch aus technischen Gründen ist eine Innengliederung empfehlenswert. Bei zu groß ausgeschnittenen Flächen (weiß) besteht die Gefahr, daß Teile davon eingefärbt werden und beim Druck mitscheinen.

Wir werden also die Innengliederung bereits beim Entwurf mitberücksichtigen. Beim Schneiden müssen diese Innenformen stehenbleiben, damit sie innerhalb der größeren weißen Formen mitgedruckt werden.

Bei dieser Technik ist schon etwas Übung und Geschicklichkeit notwendig; sie ist jedoch sehr empfehlenswert, weil die weißen Formen und Motive in dunkler Umgebung (Hintergrund) auch dann noch flächig und füllig wirken, wenn sie vielleicht etwas dürftig entworfen wurden.

Man vergleiche nur einen positiven und negativen Scherenschnitt des gleichen Motivs (schwarzer Schnitt auf weißem Hintergrund und weißer Schnitt auf dunklem Hintergrund).

(Der Weißfigurenschnitt ist etwa ab der 6./7. Jahrgangsstufe möglich.)

DAS DRUCKEN

Schon beim Drucken ohne Handdruckpresse erhalten wir gute Abzüge (Drucke). Das auf das gewünschte Format geschnittene Papier muß nur bei Verwendung von Farbe auf Ölbasis mit Wasser so angefeuchtet werden, daß es zwar durchfeuchtet, aber nicht triefend naß ist. Dieses Blatt legen wir zwischen saugfähiges Papier (Zeitungspapier), damit überschüssiges Wasser abgesaugt wird.

Inzwischen walzen wir die fertiggeschnittene Linolplatte mit Druckfarbe gleichmäßig, aber nicht zu stark ein. Das Druckpapier wird nun auf die Platte gelegt. Bei angefeuchtetem Druckpapier ist Vorsicht geboten, weil es leicht reißt. Dann wird das Papier mit der Gummiwalze, ebenfalls sehr behutsam, geglättet. Mit den Daumen, Fingerspitzen und Handballen drücken wir das Papier kräftig auf die Linolplatte. Nach geraumer Zeit trocknet das Papier, und man sieht die gedruckten Linien und Formen durch das Papier durchscheinen. Wo die Farbe nicht dunkel genug erscheint, können wir das Blatt wiederholt fest andrücken. Das trockene Blatt läßt sich leicht nach oben abziehen. Dieses einfache Druckverfahren ergibt sehr gute Drucke, die bisweilen sogar eine leichte Reliefwirkung aufweisen.

Beim Drucken mit der Presse müssen wir durch Erfahrung herausfinden, wie stark der Druck eingestellt werden muß. Zu beachten ist jedenfalls, daß nicht zuviel Druckfarbe auf die Platte aufgetragen werden darf. Das Druckpapier kann nur verrutschen, falls die (wasserlösliche) Linoldruckfarbe auf der Farbauftragsplatte zu sehr getrocknet ist. Ein Tropfen Wasser genügt, um die Farbe wieder auftrags- und druckfähig zu machen. Beim Druck mit der Presse empfiehlt es sich, die Linolplatte mit dem aufgelegten Druckpapier zur Abdeckung zwischen zwei Bogen Zeitungspapier zu legen.

Beim Rapport-Druck, der auf Seite 9 näher erläutert wird, kann — da auch meist größere Flächen bedruckt werden — die Druckpresse nicht benützt werden. Hier wird die eingefärbte Linolplatte mit der Druckfläche nach unten auf das weich mit einer Zeitung unterlegte Druckpapier gelegt und der Abdruck mit Hammerschlägen bewirkt. Dieser Vorgang wiederholt sich mit dem gleichen oder abwechselnd mit einem dazu passenden Motiv je nach Bedarf und Wunsch. (Rapport = regelmäßige Wiederkehr eines Musters innerhalb einer ornamental gegliederten Fläche.)

Verwenden wir beim Drucken stärkeres Papier — z. B. Zeichenpapier —, können wir auch durch Reiben mit einem Löffelrücken u. ä. auf dem Druckpapier gute Ergebnisse und Drucke erhalten. Am einfachsten ist jedoch der vorher beschriebene Druckvorgang mit Finger- und Ballendruck auf das Druckpapier.

Der Golddruck
(Abbildungen Seite 30 und 31)

Für Glückwunsch- und Weihnachtskarten, Bildgeschenke etc. ist dieses Druckverfahren ganz besonders geeignet. Der Schneidevorgang ist der gleiche wie beim Schwarzfigurenschnitt.
Die fertiggeschnittene Linolplatte wird mit Druckfarbe eingefärbt. Das zu bedruckende Papier muß nun aber die gleiche Farbe haben wie die Druckfarbe,
z. B.: schwarze Druckfarbe = schwarzes Papier,
rote Druckfarbe = rotes Papier.

Sofort nach dem Druck, also vor dem Trocknen der Druckfarbe, wird der gesamte Druck mit einem Wattebausch reichlich mit Goldstaub betupft. Dieser Goldstaub (es ist natürlich auch Kupfer- und Silberstaub verwendbar) haftet nun auf allen bedruckten Stellen. Jetzt wird der überschüssige Staub mit einem trockenen weichen Pinsel und durch Klopfen auf die Rückseite des Druckes entfernt.

Auf dem Papier befindet sich nun das „glänzende" Motiv, das sehr festlich und dekorativ wirkt.

Der Rapportdruck
(Abbildungen Seite 34 ff.)

Benötigt werden nicht zu große Druckplatten im Weißfiguren- oder Schwarzfigurenschnitt, etwa bis zum Format einer Postkarte. Am besten eignen sich Pflanzenmotive, Ornamente, Figuren, Tiere und alles, was klar gegliedert und nicht überschnitten ausgebreitet ist, damit es sich bei wiederholter Nebeneinanderreihung nicht stört und gut zusammenfügt.

Zwei verschiedene Motive, im Wechsel zusammengedruckt, ergeben oft ein interessanteres Gesamtbild als nur ein einzelnes Element.

Die Bilder sollten der Klarheit halber nicht zu nah aneinander gedruckt werden, sie sollten aber auch nicht zuviel Zwischenraum aufweisen, damit die Geschlossenheit des Ganzen nicht darunter leidet. Die richtigen Abstände sind durch einige Versuche, natürlich auf billigem Papier, leicht herauszufinden.

Darüber hinaus ist es ratsam, nicht zu viele verschiedene Farben für ein Werkstück zu verwenden, damit das Gesamtgebilde optisch nicht „auseinanderfällt".

Der Rapportdruck auf Papier eignet sich für Geschenkpapier, Vorsatzpapier in Büchern, Papierservietten, Plakate, Wegweiser in Ausstellungen, Dekorationsbänder u. a. m.

Durch Anwendung der Rapportdrucktechnik auf Stoff lassen sich Zierdeckchen, Servietten, Kissenbezüge, Wandbehänge und -teppiche hübsch gestalten. Zum Stoffdruck dürfen wir nur wasch- und kochfeste Farben verwenden.

Zum Bedrucken eignen sich einfarbige Nessel- und Baumwollstoffe, Bouretteseide, Halbleinen und Leinen. Alle verwendeten Stoffe müssen vor dem Bedrucken mindestens einmal gewaschen sein.

Um beim Bedrucken gerade Reihen zu erzielen, können vorher Hilfslinien aufgebügelt werden; dabei wird der Stoff mit Filz unterlegt.

Es ist praktisch, wenn auch nicht unbedingt fachgerecht, beim Stoffdruck eine weiche Unterlage (Filz, Zeitungen etc.) auf den Boden zu legen und darauf den zu bedruckenden Stoff auszubreiten. Auf den Stoff legen wir nun die eingefärbte Druckplatte, die wir mit einem Fußballen und somit mit dem ganzen Körpergewicht eine Weile aufpressen. So verfahren wir, bis alle Zusammendrucke erfolgt sind.

Sobald die Druckfarbe eingetrocknet ist, wird der Stoff von der Rückseite her gebügelt. Auf diese Weise wird das bedruckte Stoffteil waschfest; wir sollten aber bis zum ersten Waschen nach dem Druck wenigstens vier Wochen warten.

Der Mehrfarbendruck
(Abbildungen Seite 32 und 33)

Beim Zweifarbendruck brauchen wir drei gleich große Linolplatten. Auf eine davon zeichnen wir das gewünschte Motiv und schneiden es in der Weißlinienschnitt-Technik mit dem Geißfuß aus. Nachdem diese Platte dünn mit schwarzer Farbe eingefärbt wurde (nur Farben auf Ölbasis wird ein Schnell- bzw. Scharftrockner beigemischt), wird das Bild auf die beiden anderen Platten aufgedruckt. Nun haben wir drei Platten mit dem gleichen Motiv, wobei die beiden bedruckten Platten der geschnittenen Platte gegenüber seitenverkehrt sind. Schriften können auf der ersten Platte seitenrichtig geschnitten werden, da sie durch Überdrucken auf die beiden Platten seitenverkehrt werden und dann beim Druck wieder richtig stehen.

Die Original- oder Mutterplatte bewahren wir zur Orientierung über das Gesamtbild auf. Die beiden anderen Platten werden nun weiterbearbeitet. Diese müssen zum Schneiden völlig trocken sein (das geht bei wasserlöslichen Farben sehr rasch). Nun legen wir noch fest, in welcher Farbe die jeweilige Platte drucken soll, z. B. eine Platte rot, die andere grün.

Auf der Rot-Platte umschneiden wir alles, was auf dem Druckbild rot erscheinen soll. Die rot zu druckenden Teile bleiben also stehen. Der Hintergrund, die Flächen, die nicht abgedruckt werden sollen, und die grün zu druckenden Teile werden mit dem Hohleisen weggeschnitten. Bei der Grün-Platte verfahren wir umgekehrt. Hier werden die Teile, die rot gedruckt werden sollen, und natürlich wieder der Hintergrund herausgeschnitten. Danach werden die beiden Platten mit Terpentin oder Terpentinersatz gereinigt und mit den vorher bestimmten Farben (rot und grün) eingewalzt. Nacheinander drucken wir die Platten auf das Druckpapier und erhalten somit ein zweifarbiges Bild. Einen dritten Farbeffekt erzielen wir, wenn wir auf den beiden Druckplatten gleiche Teile des Motivs stehenlassen, denn dann mischen sich an diesen Stellen die beiden Farben, und es bildet sich eine dritte Farbe (in diesem Falle bei rot und grün: braun/evtl. grau).

Das Überdrucken der zweiten und dritten Platte von der ersten Platte weg erfordert viel Kraft. Hierfür ist eine Druckpresse unerläßlich. Beim Dreifarbendruck müssen drei, beim Vierfarbendruck vier Platten von der Mutterplatte abgenommen und entsprechend geschnitten werden. Im allgemeinen werden wir uns jedoch mit dem Zweifarbendruck begnügen, da der Mehrfarbendruck ein sehr präzises und geschicktes Arbeiten erfordert.

Um ein gutes Bild und einen guten Druck zu erhalten, sind einige Regeln zu beachten. Beim Zweifarbendruck ist es vorteilhaft, eine helle und eine dunkle Farbe zu verwenden. Die hellere Farbe wird zuerst gedruckt. Die dunklere Farbe kann auch über die hellere als Innengliederung gelegt werden, ohne daß die für die dunkle Farbe bestimmten Stellen aus der helleren Farbplatte ausgeschnitten sein müssen. Auf diese Weise bleibt der Zusammenhang der Motive besser gewahrt, d. h. das Bild zerfällt nicht in farbige Teilstücke, was beim Zweifarbendruck leicht passieren kann. Wir können das Bild auch in hellgefärbte Grund- und Hauptformen und dunkler gefärbte Nebenformen aufteilen. Dies ist nur eine Sache des praktischen Versuchs. Viel unnütze Arbeit aber ersparen wir uns, wenn wir beachten, daß es sinnlos ist, eine Innengliederung in heller Farbe auf eine dunkle Hauptform zu drucken, da die helle Farbe auf einer dunklen beim Linoldruck fast unsichtbar bleibt.

links:
Falkner mit Falken (J, 14)
Die Figur ist gut aufgebaut, kräftig und breit auf dem Boden stehend. Gesicht und Kopf sind klar ausgeformt.

rechts:
Aus der Geschichte — Ungarnschlacht auf dem Lechfeld (J, 12)

Laub- und Nadelbäume (J, 14)

▶
Pflanzenbild — Ackerwinde (J, 14)
Ein Bild von besonderer Qualität! Lockere, freie und einheitlich geformte Pflanzengestalt.

links:
Pfau (J, 14)

rechts oben:
Kämpfende Wölfe (J, 14)

rechts unten:
Kugelfisch (J, 12)

Phantasiepflanze (J, 13)
Ein Bild von besonderer Dichte, „architektonischem" Bau und einfacher, monumentaler Qualität.

Distelpflanzen (J, 14)

links oben:
Beinwell (J, 14)

oben:
Turner am Seitpferd (J, 14)

Die Figuren sind gelungen gruppiert und deutlich ausgeformt. Der verbleibende Bildraum über dem Turngerät ist sinnvoll ausgenutzt.

unten:
Fußballtorwart (J, 15)

links:
Jongleur (J, 15)
Das schwierige Problem des Überschneidens der Jonglierringe mit den Beinen hat der Schüler gut gelöst.

rechts:
Verkehrspolizist (J, 14)

Kasper (J, 14)
Ein Bild von hoher Qualität kindlicher Frühform. Großartig das eindeutig ausgeprägte Schreiten der Figur, die in der gesamten Gestalt sich zeigende zusammenfassende Straffheit sowie die lebendigen Ornamente. Der Kopf erhebt sich kraftvoll dominierend.

Schneider in der Werkstatt (J, 14)
Das rechte Bild ist besonders klar und präzise ausgearbeitet. Die Gegenstände stehen unverzerrt geordnet nebeneinander.
Der Tisch hat noch keine Tiefendimension, was *nicht* als „falsch" zu mißdeuten ist, sondern als frühe Form, die es dem Zeichner ermöglicht, auch die daraufstehenden Objekte klar darzustellen.

▶
oben:
Straßenarbeiter (J, 15)

links unten:
Weinbauer (J, 14)

rechts unten:
Taucher (J, 14)

links oben:
Angler

rechts:
Die Bremer
Stadtmusikanten (J, 15)

links unten:
Hahn

links:
Reiter mit Pferd (J, 15)

rechts oben:
Ziegenhirte (J, 13)

rechts unten:
Jäger und Hirsch (J, 14)

Münchner Liebfrauendom (J, 13—15)
Freier, nicht abgezeichneter Neuaufbau der Kirchengestalt! Vereinfachung der Form und persönliche Rückbildung in dorfkirchenartige Architektur bei den oberen Abbildungen.

Weinlese (J, 13)

Ballonfahrt (J, 14 und 15)
Hier gefällt die überzeugende Gruppierung und auf dem linken Bild die einfache, gutgeformte Architektur der Kirchtürme.

links oben:
Zum Muttertag (M, 14)

rechts oben:
Glückwunsch zur Vermählung (J, 14)

rechts unten:
Glückwunschkarte (M, 13)
Besonders geglückte Beispiele von Gratulationskarten. Insbesondere die beiden rechten sind hervorragende, feinste, dekorative Bilder von bezaubernder Liebenswürdigkeit.

◄
Indianer im Kriegsschmuck

links oben: J, 12
links unten: J, 14
rechts unten: J, 15

Fußballspieler (J, 15)

Golddruck: Weihnachtsengel
links: M, 12
rechts: M, 14

links:
Golddruck: Christrose

rechts:
Golddruck: Weihnachtsbotschaft (J, 15)

links:
Zweifarbendruck: Indianer (J, 14)

rechts:
Zweifarbendruck: Bremer Stadtmusikanten (J, 15)

Von diesen Zweifarbendrucken sieht man auf den Seiten 22 und 28 je eine Ausarbeitung als Schwarzfigurendruck. Dazu wurde die „Mutterplatte", die beim Zweifarbendruck zum Übertragen des Bildes auf die zwei verschiedenfarbig druckenden Platten dient, weiterbearbeitet (der Hintergrund ausgehoben), nachdem das auf ihr als Weißlinienschnitt eingeschnittene Bild auf die zwei Farbplatten übertragen war. Eine sinnvolle Verwendung der sonst überflüssig gewordenen Platte.

◀

Zweifarbendruck: Vogelmutter mit Jungen (M, 14)

Rapportdruck: Jäger mit Gemsbock (M, 13)
Hase (J, 12)

Seite 35:
Rapportdruck: Blumenkörbchen (M, 12)

Ein durch seine einfache Klarheit besonders dekorativer Rapportdruck.

Seite 36:
Rapportdruck: Pflanzen

Eine Platte wurde auch für den Golddruck verwendet (S. 31).

Seite 37:
Rapportdruck: Fliegender Vogel (J, 12)

Seite 38:
Stoff-Rapportdruck: Arbeiter im Weinberg (J, 14)

THEMENVORSCHLÄGE

Die aufgeführten Motive und Themen sind für alle Schneidetechniken geeignet.
Die Abkürzungen bedeuten:
(WL)   besonders geeignet für Weißlinienschnitt
(SF)   besonders geeignet für Schwarzfigurenschnitt
(WF)   besonders geeignet für Weißfigurenschnitt
(G)   besonders geeignet für Golddruck
(ZF)   besonders geeignet für Zweifarbendruck
(R)   besonders geeignet für Rapportdruck

Personen

Aus dem Alltag:

Verkehrspolizist (WF)
Mann mit Bauchladen
Winzer mit Weinstock oder Faß
Briefträger
Zeitungsfrau
Kaminkehrer mit Leiter (SF)
Vogelhändler mit Käfig
Straßenkehrer
Marktfrau
Blumenverkäuferin
Gärtner
Jäger mit Hund oder Wild
Falkner

Hirte mit Ziegen oder Schafen
Bauer beim Säen oder Ackern
Gänseliesel
Musikanten (mit Trompete, Horn, Posaune, Flöte, Trommel, Pauke etc.)

Aus Märchen und Sagen:

König, Königin, Prinzessin (G)
Indianer (ZF)
Rotkäppchen
Zwerge
Hexe (auf Besen reitend)
Zauberer
Kasper
Rattenfänger von Hameln
Till Eulenspiegel
Münchhausen auf Kanonenkugel
Ritter

Aus dem Zirkus:

Clown (ZF)
Seiltänzer (WF)
Trapezkünstler (WF)
Jongleur
Reiter auf oder neben dem Pferd
Elefant (ZF)
Hundedressur

Aus dem Sportgeschehen:

Fußballer am Ball (SF)
Fußballer beim Kopfball

Torwart, nach dem Ball hechtend (WF)
Linienrichter (hebt Fahne)
Turner (Barren, Reck, Seitpferd, Ringe)
Gymnastik
Leichtathleten (Läufer, Werfer)
Gymnastik
Sprung vom Sprungbrett
Schwimmer
Boxer
Angler

Aus biblischen Erzählungen:

Moses (neben dem brennenden Dornbusch)
David und Goliath
Verkündigung an die Hirten (G)
Stall zu Bethlehem (WF)
Die Heiligen Drei Könige (G)

Heiligengestalten:

St. Nikolaus
St. Georg mit Drachen
St. Franziskus mit Vögeln
Christophorus

Tiere

Hund
Katze
Pferd (Wildpferd) (R)
Kuh
Fische im Aquarium
Hühner und Hahn

Hahnenkampf
Adler (Fisch aus dem Wasser greifend)
Schwäne, Enten (Federkleid!, Wasser mit Wellenstruktur) (WF)
Wildfütterung
Eule auf Ast
Zwei Tauben an Tränke (R)
Hirschkäfer (SF)
Pfau (WL)
Hase zwischen Kohlköpfen
Eichhörnchen (springend, fressend)
Fuchs (im Hühnerstall)
Nest mit Vogelmutter und Jungen (R)
Kamel mit Treiber (R)
Schlange vor ihrer Beute
Schlangenbeschwörung

Pflanzen (alle WF)

Löwenzahn
Hahnenfuß
Anemonen
Beinwell
Disteln (WL)
Taubnessel
Sonnenblume
Glockenblume
Wiesensalbei
Kamille
Wicke
Heckenrose
Schlüsselblume
Weinstock (R)
Blütenzweige (Obstbäume)
Flieder
Zweige mit Blättern
Hopfenranke mit Blüten (Dolden) (R)

Motive für Glückwunschkarten

Zu allen Gelegenheiten:

Blumenstrauß (mit Schriftband)
Blumentopf (mit Schriftband)
Schriftband mit ornamentaler Verzierung
Gratulant mit Blumenstrauß (SF)
Verzierte Jahreszahl (G)

Zur Hochzeit:

Hochzeitskutsche (mit Schriftband) (WF)
Braut und Bräutigam (SF)

Zur Geburt eines Kindes:

Wiege
Kind im Körbchen

Weihnachtskarten:

Verkündigungsengel (G)
Christrose (G)
Christbaum (WL)
Weihnachtskrippe (WF/G)
Heilige Drei Könige (G)
Kerze, Kerzen (G)

Werken und Basteln mit der QUADRAT-Reihe

- 3 Kartoffelstempel
- 5 Hobelspansterne
- 8 Figuren aus Geröll
- 11 Kerzen
- 14 Guß aus Schnellzement
- 15 Papierblumen
- 16 Papier-Reißarbeiten
- 17 Arbeiten aus Buntmetall
- 19 Buntes für Tisch und Raum aus Ramieband
- 21 Österliche Festgestaltung
- 23 Neue Weihnachtssterne
- 24 Dekorationen aus Naturmaterial
- 25 Arbeiten mit Rupfen
- 26 Holzmalerei — ganz leicht
- 29 Aus Filz-, Fell- und Stoffresten
- 30 Bunter Weihnachtsschmuck
- 32 Basteln mit Perlen
- 35 Knüpfen — Flechten — Schlingen
- 37 Basteln mit Borten
- 38 Formen aus Papiermaché
- 39 Sterne aus einer Grundform
- 40 Raumgeometrische Figuren aus Stroh- und Grashalmen
- 41 Servietten falten
- 42 Mit Bastel- und Streichhölzern
- 43 Werken mit synth. Modelliermasse
- 44 Figuren und Dekorationen aus gefalteten Grundformen
- 45 Schnurdruck
- 46 Silberketten selbst gemacht
- 47 Fäden, Farben, Fantasie
- 48 Hinterglasbilder kratzen und malen
- 49 Laternen
- 51 Keramik
- 52 Filigranspan
- 53 Gehäkelte Tiere
- 54 Stroh-Intarsien
- 55 Arbeiten aus Kistenholz
- 56 Allerlei aus Zapfen
- 57 Sträuße — Kränze — Weihnachtsschmuck
- 58 Gestrickte Tiere
- 59 Spritzen mit Farbe
- 60 Mit Vogelsand gestalten
- 61 Rustikales Basteln
- 62 Stoffdruck mit Schablonen
- 63 Scherenschnitt
- 64 Basteln mit Exoten
- 65 Keramik-Reliefs
- 66 Töpfern mit Kindern
- 67 Marionetten selber machen
- 68 Allerlei aus Filz

Don Bosco Verlag · München